JUNTOS POR SIEMPRE

Juntos por siempre

La historia de Jordy y su familia

Ana María Orozco

All rights reserved @ Ana María Orozco

Reservados todos los derechos.

Prohibida toda reproducción total o parcial en cualquier forma escrita, electrónica, sin la debida autorización.

Servicios, comentarios e información de la autora Ana María Orozco.

Anaorozco811@yahoo.com

ISBN: 9798336032529

Agradecimientos

Este libro fue escrito para agradecer primero a Dios por mi familia y amistades, que sostuvieron el paraguas mientras caía sobre mí y mi familia, la peor tormenta de nuestras vidas, a todo el equipo profesional que se formó, que me escucharon, que me comprendieron como madre, y estuvieron dispuestos a que trabajáramos juntos por el bienestar de Jordy, teniendo como objetivo que él lograra controlar sus crisis, y que hoy sea un joven funcional, a Ms. Mejía por su cariño y el gran trabajo que hace como maestra con niños especiales, a la persona que creyó en mí, que me dio la confianza de que sí se podía, quien estuvo en cualquier momento sin importar la hora, con quien me sentí protegida, comprendida, quien me hizo sentir que no estaba equivocada en creer en mi hijo, y que tendría grandes avances, a quien yo llamo mi ángel: Aline Zaragoza, terapeuta de ABA, quien con sus enseñanzas y el amor con que hace su trabajo, cambió la vida de Jordy y la de toda mi familia.

A mi hija Karla.

No intento justificar mi comportamiento contigo hija. Al haber creído que tú, por ser la mayor e independiente, y al verte que no tenías dificultades en tu desarrollo para realizar tus actividades diarias, erróneamente pensé que no necesitabas tanto de mi atención, y sin querer, te hice sentir que no me importabas, me enfoqué y volqué toda mi atención hacia Jordy, sin tomar en cuenta que tú también necesitabas de la atención de mamá. Gracias a Dios, tuvimos la bendición de que tu abuela pudo ayudarme a cuidar de ti, y lo hizo con mucho amor... mientras yo trabajaba y cuidaba de Jordy con todas sus citas y terapias. Pero sé que llegaste a sentir que no me importabas, que mi cariño era más por Jordy. Lamento mucho que hayas crecido con ese sentimiento, sé que no puedo regresar el tiempo y cambiar las cosas, pero sí puedo decirte, perdón, porque me enfoqué en lo que yo creía que era la emergencia y la necesidad de ese momento por la condición de tu hermano. Mientras transitábamos ese tiempo, no tenía la experiencia ni el conocimiento que tengo hoy para poder haber evitado ese sentimiento. Me duele haberte herido al poner toda mi atención y cuidados sobre Jordy por su diagnóstico, te pido perdón, y aunque sé que no puedo cambiar el pasado, quiero que sepas que te quiero muchísimo, que me llena de orgullo ver la mujer en la que te has convertido, que a pesar de tu diagnóstico de lupus y con muchas cosas en contra, lograste terminar tu carrera profesional y eres una buena persona. Te Amo y me siento muy orgullosa de ti.

A Jacob.

Perdón Jacob, porque a pesar de ser el más pequeño, té tocó madurar muy rápido. Desde que te formabas en mi vientre, pasaste largas horas escuchando terapias. Naciste, y tu infancia pasó esperando en salas de centros de terapia, tal vez por eso, a tus casi 11 añitos, eres un niño tan maduro, tan paciente e inteligente. Amo ver cómo siendo tú el más pequeño, cuidas, entiendes y le enseñas a Jordy. Mi corazón se llena de alegría cuando me dices que no me preocupe, que cuando seas adulto y yo ya no pueda o no esté, tú cuidarás de tu hermano, y aunque no quiero que sientas que es tu responsabilidad, me enorgullece ver qué bonitos sentimientos tienes hacia él. Te Amo, Jacob.

Biografía

Mi nombre es Ana María Orozco. Nací el 13 de julio de 1980, y desde una temprana edad, a los 9 años fui diagnosticada con artritis reumatoide, una enfermedad que ha marcado mi vida. A pesar de las múltiples intervenciones quirúrgicas a las que me sometí, he seguido luchando día tras día.

A punto de cumplir 44 años, estoy casada desde hace 26 años con mi esposo Carlos, y somos padres de tres hijos: mi hija Karla de 25 años, Jordy de 22 años, y Jacob de 11 años, y abuelos de una nieta, cuyo nombre es Scarlett. Mi vida ha estado marcada por desafíos, pero también por el amor y el apoyo de mi familia y amigos.

Me formé como enfermera, en la escuela de enfermería de Morelia en Michoacán, y me casé a una edad temprana con Carlos, quien en ese entonces, residía en California desde hacía 8 años.

Actualmente vivo en California, trabajo como proveedor del IHSS. del Estado de California, y me dedico a proporcionar información y apoyo a familias que tienen hijos con autismo y otras necesidades especiales. Mi hijo Jordy fue diagnosticado a los 7 años con autismo y bajo intelecto, a la edad de 12 años se le agregó un nuevo diagnóstico, que incluye bipolaridad, ansiedad y depresión, lo que transformó por completo nuestras vidas.

Entiendo la importancia de brindar apoyo y orientación a otras familias que enfrentan situaciones similares. Mi objetivo de escribir este libro, es compartir nuestra experiencia como familia, y para que todos conozcan los diferentes recursos que existen y técnicas que hay para ayudar a otras familias, a enfrentar los desafíos con optimismo y determinación.

Creo firmemente, en la importancia de mantener la esperanza y la fe en nuestros hijos, sin importar las circunstancias. Cada familia tiene su propia historia difícil, pero con amor, paciencia y perseverancia, podemos superar cualquier obstáculo que se presente en nuestro camino.

Prólogo
Aline Zaragoza

Antes de comenzar la historia de cómo mi camino se cruzó con Jordy y su familia, quiero explicar cuál es mi profesión. Cuando me preguntan a qué me dedico, mi título oficial es Analista de Comportamiento/Conducta. El primer comentario es: "¿Entonces estás analizando mi comportamiento?". Y la verdad, por supuesto que sí, pero respondo: "Claro que no. Tomaría mucho tiempo." Pero sinceramente, si hubiera un interruptor para apagarlo, lo haría. Pero el análisis es constante y es parte del poder conocer a las personas que están en nuestras vidas. En el 2018, después de tres años trabajando como terapeuta de comportamiento, me gradué de la universidad Cal-State LA con una maestría en Ciencias en la disciplina de Consejería con énfasis en el Análisis Aplicado de Conducta (conocido en inglés como ABA). Una búsqueda rápida en Google te dará la definición: "El análisis conductual aplicado (ABA) es el método de tratamiento identificado en la literatura de investigación que demuestra la mayor evidencia de tener un efecto positivo en la trayectoria del desarrollo infantil." "¿O sea qué?" seguro es lo que se preguntaron al leer esa muy simple frase. Y no fue nada fácil contárselo a mis padres tampoco. Así que empecé a buscar una respuesta corta, directa, y que fuera fácil de comprender. Y solo unos añitos después, se las puedo finalmente compartir. Observo y examino el comportamiento de un individuo, así como un científico observa con un microscopio a su sujeto, excepto que mi microscopio es invisible. ¿Y qué es lo que busco? La respuesta a la pregunta que el cien por ciento de nosotros queremos averiguar: ¿Por qué hacemos lo que hacemos? O dicho de otra manera, ¿qué nos motiva y por qué seguimos comportándonos como nos comportamos? Y, según yo, así de simple es la explicación que preparé para estar lista cuando me preguntaran: "¿Y a qué te dedicas?" Así que con mi microscopio invisible, observo y examino a individuos con necesidades especiales, como el autismo y otros trastornos del desarrollo, y de ahí analizo las condiciones que motivan y mantienen comportamientos maladaptativos y previenen el aprendizaje de habilidades funcionales para la vida. Y así como un doctor prescribe medicina, un analista de conducta prescribe los métodos para disminuir comportamientos maladaptativos excesivos (como berrinches, agresión y movimientos repetitivos) y receta las estrategias para reemplazar esos comportamientos con comportamientos adaptativos que los ayuden a afrontar las dificultades y desarrollarse lo más exitosamente posible.

Cuando el caso de Jordy me fue asignado, yo llevaba unos cuantos meses practicando con mi maestría. Cuando leí los reportes de Jordy, pensé: "¿Será que podré?". En el mundo del autismo y de individuos con necesidades especiales, es un mundo trabajar con niños pequeños, pero es completamente otro trabajar con muchachos y adultos. Imagínate a un niño de 4 años teniendo un berrinche. Sí, ahora imagínate a un individuo de 17 años teniendo uno, o dos, o tres. Ahora agrega la agresión. Un niño de 4, no hay problema; uno de 17, cae muy diferente. Sabemos que entre más pronto un individuo reciba servicios, será más probable que el pronóstico sea positivo. A corta edad, un niño todavía puede ser moldeado porque no tiene suficiente historial de conducta. De grande, tenemos hábitos, maneras de hacer las cosas que rara vez cambian. Como cuando escuchamos decir: "Así soy yo." Cada uno de nosotros tiene su manera específica de hacer las cosas, y muy rara vez recibimos con brazos abiertos las críticas y opiniones de los demás hacia nuestra conducta. Ya adulto, es muy difícil enseñarle al viejo perro un truco nuevo, como dice el dicho, pero por suerte, la ciencia de conducta tuvo algo que ver con un perro y su dueño Pavlov. Cuando un analista llega a las puertas de una familia que busca terapia de comportamiento, es porque la conducta está afectando la vida diaria. La mamá y el papá tienen miles de preguntas, pero la más común es: "¿Qué estamos haciendo mal?" Aquí es un buen momento para enfatizar a los padres que ellos no escogieron a un niño con autismo, sino que un niño con autismo los escogió a ellos. El diagnóstico es solo el comienzo, el inicio de las miles de emociones que estas familias navegarán en un viaje que se siente como un avión que aterrizó en un país desconocido. O tal vez un camino en un desierto donde todo se ve conocido pero nada es igual en cada momento, y cuando menos te imaginas, estás perdido. Pero te encuentres en el avión o en el desierto, en las dos circunstancias existe una abundancia de nuevos caminos.

Entonces, comencé el caso de Jordy. Cuando pienso en Jordy, tengo en mi mente una imagen marcada. El muchacho con su cojín/almohada. La primera vez que entré a su casa, mi supervisora tomó las riendas porque yo todavía estaba aprendiendo el ritmo de ser analista. Caminé por el pasillo y al final llegamos a la sala y me senté en el comedor. Jordy estaba en el sofá abrazando un cojín/almohada. Miraba hacia el piso. Creo que no dijo más de 10 palabras en la entrevista entera, la mayoría fueron "sí" o "no" o, "okay." Me senté al lado de él en el sofá, haciendo plática, con su voz suave, gentil. Jordy más que nada quería la ayuda, pero no sabía cómo pedirla, y más importante notar, no sabía a quién confiar para pedírsela. Jordy estaba en la secundaria, una de las etapas más desafiantes.

En ese entonces había muchos factores y pocas esperanzas.

El medicamento que Jordy estaba tomando en ese entonces afectaba significativamente su peso, un tema que resultó ser delicado y complicado para él. Los efectos secundarios incluían cambios en el apetito y en el metabolismo, lo que contribuía a su obsesión con la comida y su imagen corporal. Esta situación era especialmente dura porque, además de los desafíos diarios de la vida con autismo, Jordy estaba lidiando con episodios de trastorno bipolar, lo que significaba que oscilaba entre momentos de extrema felicidad y profunda tristeza. Esta combinación de factores hacía que asistir a la escuela fuera casi imposible para él, y a menudo se encerraba en su cuarto durante horas.

Los espejos le causaban ansiedad, al ver reflejada su imagen. Padecía de trastorno bipolar el cual lo llevaba a sentirse extremadamente feliz o triste, no sabía cómo abordar la situación con Jordy, ya que cada intento parecía agravar su estado. En esos días, sus padres, especialmente Ana, se enfrentaban a la desesperación y al dilema de cómo ayudar a su hijo. Ella aprendió los principios básicos del análisis de conducta (ABA), como los ABCs del comportamiento: antecedente, comportamiento y consecuencia, y las cuatro funciones principales del comportamiento: acceso a las cosas que queremos, el escape evadir lo que no nos gusta, atención y experiencias sensoriales.

Con el terapeuta Luis y yo supervisando, comenzamos a trabajar con Jordy, enfrentándonos primero a la difícil tarea de sacarlo de su cuarto. Cuando logramos que saliera, se negaba a participar en las actividades terapéuticas. La terapia era una montaña rusa, con Jordy protestando y, en ocasiones, volviéndose agresivo. Un día, su frustración llegó a tal punto que amenazó con arrojar un cristal. En ese momento crítico, tuvimos que contenerlo físicamente, una tarea que resultó ser físicamente demandante para mí, dada mi falta de fortaleza comparada con la de Jordy.

Mi corazón latía rápidamente, y me dije a mi misma: "ni modo el trabajo se tiene que hacer". Ese día, Jordy quería salir de su cuarto solo para quebrar objetos, y sin la intención de participar en la terapia de conducta. Necesitábamos que Jordy permaneciera en su cuarto, lo cual se negaba, comenzó a empujarnos para que saliéramos Luis me apoyó y nos pusimos de pie a su costado y lo tomamos del brazo para sostenerlo, era tanta su fuerza que nos empujaba hacia atrás , yo sentía cómo iba logrando sus objetivos, hasta que mi tacón del zapato topó en la pared y me apoye en ella, al darse cuenta Jordy que no podía sacarnos del cuarto, se sentó en la cama y nosotros a su lado, lo tomé de la mano y le dije: "Aquí estamos contigo cuando estés listo para comunicarte házmelo saber". Logramos calmar la situación hablando de temas cotidianos, lo que eventualmente hizo que Jordy se relajara y aceptara comunicarse.

La pandemia agravó los desafíos. Las sesiones de terapia se trasladaron a videollamadas, y Jordy solía apagar el teléfono o se escondía debajo de su cobija. Sin embargo, Ana nunca se rindió. A través de estas sesiones, enfocamos nuestras conversaciones en su preocupación por el peso y la imagen corporal, un tema recurrente para Jordy. Su obsesión con los espejos y su peso se intensificó, y a pesar de nuestros esfuerzos, pasaba días enteros en su cuarto, en la oscuridad.

Ana nunca colgó el teléfono durante las crisis. Incluso cuando las cosas se ponían difíciles, ella seguía buscando orientación. Llegó un punto en que la situación se volvió insostenible, y Ana se sintió abrumada, habiendo hecho todo lo posible para ayudar a Jordy. En una conversación por teléfono, abordamos la realidad de la situación, explorando nuevas formas de apoyo y estrategias para lidiar con los comportamientos desafiantes de Jordy.

"Ana, si usted no puede con Jordy, entonces Jordy tendrá que irse. Si Jordy no puede seguir las reglas en su casa, entonces tendrá que buscarle otra casa a Jordy." No son las palabras exactas, pero el punto fue que Ana ese día se detuvo en el desierto, en ese país desconocido después de aterrizar en ese avión, y encontró un nuevo camino. No quería que Ana se sintiera como una mala madre por decirle a Jordy que algún día se tendría que ir si no cambiaban las cosas. Pero esa era la reacción que Jordy necesitaba para aprender una lección. Porque mamá te quiera, Jordy, no quiere decir que no pueda pedir apoyo por circunstancias que están fuera de su capacidad. Y a este punto, la situación con Jordy estaba fuera de su capacidad. Jordy tiene su papá, su hermano menor Jacob, su hermana mayor y su sobrina. Ana tenía que ser esposa, mamá y abuela para ellos también.

Cuando hablamos con Ana sobre la posibilidad de decirle a Jordy que hay opciones donde él puede ir a vivir donde sí puedan ayudarlo, todo cambió. Solo le hablé a Ana del desierto y el avión, y ella vio el camino y lo tomó. En la próxima crisis, Ana decidió por el 5150, que es el código que permite que un adulto que está teniendo una crisis de salud mental sea detenido involuntariamente para una hospitalización psiquiátrica de 72 horas cuando se evalúa que es un peligro para otros, para sí mismo o que está gravemente discapacitado.

Al llegar ahí, Jordy vio una reacción diferente de su mamá y desconocía esta versión. Pero Jordy siempre quiso la ayuda, siempre tuvo la esperanza de que las cosas mejorarían, y siempre llevaba esa chispa de fe. En la detención psiquiátrica, le avisaron a Ana que querían dejar a Jordy salir antes de las 72 horas. Esta vez, Ana se rehusó. Necesitaba que Jordy aprendiera muy claramente esta lección: que estaba muy seguro en su hogar y que en ningún otro lugar podría disfrutar de los lujos de una familia que lo ama y lo cuida.

La fórmula para manejar el comportamiento de Jordy a partir de entonces fue: Jordy hacía una acción, Ana le daba una reacción que Jordy no esperaba, y Jordy aprendía una lección que no había aprendido antes. Si Jordy no estaba dispuesto a hacer algo y se rehusaba (la acción), su mamá le decía, "Está bien, Jordy, gracias por comunicarlo," y se retiraba (la reacción). Jordy aprendió que usar sus palabras era suficiente y que su mamá lo comprendía sin insistirle (la lección). Ana tenía la fórmula y, poco a poco, también la familia. El mundo de Jordy fue apoyado incondicionalmente por el esfuerzo y la perseverancia de su familia.

Jordy, en sus mejores días entre sus crisis, me hacía reír, me contaba de sus aventuras con su familia y con sus amigos de la prepa. Jordy tenía una alegría contagiosa y un alma de niño tierno con miedo a vivir su magia. Ahora, ese muchacho tierno y carismático es mucho más que su diagnóstico, y la alegría de saber que todavía me hace reír me da mucho gusto. Jordy tal vez no lo sabe, pero como muchas de las almas hermosas con las que cruzo en mi camino en esta profesión, él me enseñó un nuevo camino también. Y a las personas que lean la historia de Jordy, que esto sea un ejemplo de un camino que no es perfecto, pero que es posible y gratificante.

Prefacio

Decidí escribir sobre la peor tormenta que pasamos como familia, como padres de un joven con autismo y bipolaridad. Con la intención de que el proceso que vivimos, les dé motivación a más familias a no rendirse tan fácilmente. Soy Ana María Orozco y mi historia comienza así:

A la edad de 21 años, llegó mi segundo hijo a quien puse por nombre Jordy. Todo parecía normal, estaba feliz por su llegada, ya teníamos una niña, nuestra hija mayor Karla que tenía en ese momento, 2 años, todo normal. Salimos del hospital felices con nuestro bebé, pero Jordy comenzó a tener problemas para tolerar la leche, y su estómago se ponía muy inflamado, por lo que regresé de inmediato con su pediatra y este me dijo que cambiaría a la leche de soya y que si no funcionaba, tendríamos que ver a un especialista, ya que yo no podía amamantar a Jordy porque tomaba medicamentos para mi artritis, afortunadamente, el estómago de Jordy toleró la leche de soya, y una amiga que tenía un bebé también, muy amablemente me dijo: "¿Quieres que intente a ver si a Jordy le gusta mi leche?" Para que la leche materna le ayudara a mejorar el estómago de Jordy, ya que ella tenía bastante y su bebé casi no tomaba, entonces le dije: "¡Claro, sí!", y había ocasiones en las que ella iba a donde yo vivía, y en otras, me mandaba la leche congelada en bolsas, y así el estómago de Jordy mejoró. Fuera de eso, no veía algún otro problema de salud en Jordy, nada raro, pero a los 3 meses, un día estando en su cuna, Jordy se puso morado y no podía respirar, así que lo llevamos de inmediato a la sala de emergencias del hospital más cercano, y después de varios estudios, nos dieron la noticia de lo que había sucedido, Jordy sufrió un ataque de asma y que sería un niño asmático. Nuestros días continuaron y seguí las indicaciones médicas.

Cuando Jordy cumplió los 6 meses, noté que cuando lloraba y hacía un poco de fuerza, le brotaba una bolita al lado de sus testículos, entonces hice una cita médica para que lo revisaran, allí me dieron la noticia de que era una hernia, y que le harían una cirugía, refiriéndonos al *Children's Hospital,* porque debido a la corta edad que tenía, era peligrosa la cirugía, y si se presentaba una complicación, ahí contaban con los aparatos adecuados. Entonces se le realizó su cirugía y regresamos a casa, tomando en cuenta los cuidados que nos indicaron. Hasta ese momento no veía nada diferente en Jordy, solo que al ponerlo en el *bounced,* se emocionaba muchísimo, le gustaba mucho estar meciéndose, podía pasar mucho tiempo ahí y él era feliz. Después comencé a notar que tardaba en hablar y en dejar el pañal, eso era lo que más me preocupaba y me estresaba, porque aunque el pediatra me decía que ningún niño era igual, era como que mi corazón me decía que algo no andaba bien, y aparte estaban los comentarios que me hacían algunas personas: "¿Todavía él no deja el pañal?" a lo que yo contestaba: "¡No, es que es mi bebé y no llevo prisa de que crezca!", pero claro, yo intuía que algo no iba bien, erróneamente yo hacía la comparación con mi otra hija.

Jordy continuó creciendo, hasta cumplir la edad que requería para ingresar a kínder, y en la primera conferencia, la maestra me comentó que Jordy era un niño muy tímido, que no le gustaba interactuar con sus compañeros y que entonces trabajarían en esa área con él, pero continuó el transcurso del año escolar y las metas que se le ponían a Jordy, no se lograban, así que la maestra me sugirió que era recomendable que Jordy repitiera el año escolar, que era lo mejor, a lo cual yo acepté, aunque no dejaba de inquietarme otras preocupaciones sobre su comportamiento, su lenguaje, el hecho de que frecuentemente le ocurrían accidentes en el baño, le molestaban varios sonidos, ruidos como el de la aspiradora, la licuadora, la música muy fuerte.

Jordy comenzó el siguiente año escolar repitiendo kínder y no se veían avances. Por esto yo me preocupé más y decidí hacerle una carta al distrito escolar al que pertenecía mi hijo, exigiendo que le realizaran los estudios necesarios, para hacerle una evaluación y así poder trabajar en esas áreas. El distrito escolar me contactó al tercer día, citándome a una reunión donde estaría una psicóloga, un terapista del habla, su maestra, y la principal de la escuela, en donde les expresé los comportamientos y preocupaciones que tenía sobre mi hijo, así la maestra dio a conocer sus preocupaciones en el ámbito intelectual en su clase. Comenzamos con muchísimas preguntas que me hicieron, desde la etapa de mi embarazo, el nacimiento de Jordy hasta la edad que tenía en ese momento, y si había tenido alguna complicación en mi embarazo. Me hicieron saber que comenzarían a evaluar a Jordy en la escuela, el terapista del habla comenzaría sesiones con él, para ver en qué nivel estaba su lenguaje, la psicóloga de la escuela también estaría trabajando con él, dos veces por semana en la escuela, y la maestra aportaría los progresos en su clase, así que me entregaron dos cuestionarios con muchas preguntas, uno era sobre Jordy y el otro con preguntas sobre mi embarazo. Se dio un tiempo para poder obtener y recopilar más información sobre Jordy, mientras trabajaban y lo observaban en la escuela.

Al tener cada quien las pruebas y cuestionarios que se nos habían pedido, tuvimos la siguiente conferencia y para ese momento, yo no tenía el conocimiento de que se le llamaba IEP. Al encontrarnos y aportar cada quien sus evaluaciones y preocupaciones sobre Jordy, me dieron la noticia de que el niño tenía autismo y que empezarían a trabajar con él en la escuela, sacándolo para sus clases de terapia del habla, y así la psicóloga también tendría interacción con él. Además, sería referido a clases especiales, en el Centro Regional de Pomona, donde un equipo de psicólogos y médicos profesionales, se encargarían de hacer evaluaciones más a fondo, y así fue como llegué al centro regional con muy poca información de la institución, solo con los documentos que me habían entregado con las evaluaciones de la escuela. Me hicieron una cita para comenzar a evaluar a Jordy, después de varias evaluaciones y mucha información que me pidieron sobre el embarazo de Jordy. También me preguntaron si había tenido alguna complicación o accidente, y de cómo había sido su nacimiento y su desarrollo hasta la edad que tenía en ese momento.

Me citaron para darme a conocer los resultados de las evaluaciones, y recuerdo que la psicóloga agarró mi mano y me dijo: "Lo siento mamá, el diagnóstico de Jordy es autismo, discapacidad intelectual y ansiedad". Sentí que me miraba con un poco de tristeza, sintiendo pena por mí. Derramé unas lágrimas, las limpié, respiré profundamente y le pregunté: "¿Y qué sigue ahora?" Y en esa simple pregunta que ella escuchó, iban muchísimas dudas y miedos míos, por dentro, mi cerebro trataba de procesar una confirmación de algo que yo ya imaginaba que estaba, pero que no tenía idea de qué era, ni cómo se trataba su condición, era una sensación de: "¿Y ahora esto cómo se cura?, ¿con qué se quita?".

Me informaron que por la condición y el diagnóstico de Jordy, él sí sería elegible para formar parte de la institución, y que me asignarían un coordinador para guiarme, y así obtener los servicios que Jordy fuera necesitando, conforme él fuera creciendo y que sería el encargado de preparar un plan individual llamado IPP, donde se incorporarían los propósitos para atender y dar las mejores recomendaciones para Jordy, las cuales consistían en ese momento, la continuación con educación especial, e incluir terapia de lenguaje y ocupacional, referido para salud mental por ansiedad y actividades recreacionales.

Desde ese momento, el centro regional estaría trabajando con nosotros para guiarnos por este nuevo camino del diagnóstico de nuestro hijo. Regresé a casa pensativa, confundida, al caer la noche le dije a mi esposo Carlos, que quería hablar con él, sobre lo que me habían informado en centro regional. Me senté por un lado de él y le pregunté qué pensaba sobre el diagnóstico de nuestro hijo Jordy. Entonces él contestó:

"¿Qué quieres que piense?, pues sacarlo adelante, no pasa nada".

Continuó viendo el televisor, me retiré a nuestra recámara y me senté en la esquina de la cama, con lágrimas en los ojos y mirando al techo diciendo:

"Dios, sé que tú no te equivocas, espero que no me vaya a quedar grande el saco que me acabas de poner, solo dos cosas te pido: la primera, ayúdame a ser la mamá que mi hijo va a necesitar por el resto de su vida, y la segunda: ¿Enséñame a descifrar no el por qué?, si no el para qué tenemos que vivir este proceso."

Querido lector,

En las páginas que estás a punto de leer, encontrarás la inspiradora historia de Jordy y su familia, un relato de resiliencia y superación que toca el corazón y desafía las expectativas. Jordy, un joven enfrentado a obstáculos aparentemente insuperables, nos muestra que la verdadera fortaleza no reside en la ausencia de dificultades, sino en la capacidad de levantarse una y otra vez, con determinación y esperanza.

A lo largo de este libro, te invito a sumergirte en las experiencias de Jordy, a sentir sus miedos, sus dudas, pero también su increíble voluntad de seguir adelante. Con cada capítulo, serás testigo de cómo una familia unida, puede superar cualquier adversidad y cómo el amor y el apoyo incondicional, pueden transformar vidas.

Pero esta no es solo una historia para leer; también es una guía para actuar. Al final del libro, encontrarás herramientas y consejos prácticos para padres, diseñados para ayudarte a enfrentar tus propios desafíos familiares con la misma valentía y perseverancia que Jordy y su familia.

Espero que esta historia no solo te inspire, sino que también te brinde las herramientas y la confianza necesarias, para enfrentar tus propias batallas. Porque, al igual que Jordy, todos tenemos la capacidad de ser resilientes y encontrar la luz, incluso en los momentos más oscuros.

Con gratitud y esperanza,

Ana María Orozco

Índice

Capítulo 1: El diagnóstico.. 1

En medio de la tormenta 7

Las crisis eran más frecuentes. 11

Capítulo 2: Así me cueste el divorcio..................... 17

La peor crisis.. 22

Capítulo 3: Un ángel llamado Aline 29

Aline cambió 33

El veredicto 34

Capítulo 4: "You and me together forever" "Tú y yo juntos por siempre" 37

La fuerza del amor de madre 43

Capítulo 5: Un Viaje de Inclusión y Resiliencia 51

Capítulo 6: No están solos. 57

Guía para Padres de Niños con Autismo 59

Como apoyar en casa 63

Estructuras en casa para padres 63

Jordy, un gran maestro 64

CARTA PARA UNA MAMÁ AZUL ❤ 67

Juntos por siempre

Capítulo 1
El diagnóstico

Ana María Orozco

Para algunas madres, recibir el diagnóstico de autismo puede traer un sentido de alivio. Finalmente, hay una explicación para los comportamientos y desafíos que han observado en su hijo. Ese alivio proviene de saber que no están solas y de que hay un nombre para lo que han estado viviendo. Este diagnóstico puede ser el primer paso para obtener el apoyo y los recursos necesarios, para ayudar a su hijo a prosperar.

La vida es impredecible y está llena de sorpresas, como la nuestra en el momento en que nos enteramos de que nuestro hijo era autista. No imaginas el eco que esta noticia tendría para el resto de nuestras vidas, nuestras vidas cambiaron para siempre.

Al recibir el diagnóstico, Jordy fue ubicado en clases especiales. Yo creía que ya estaba aprendiendo a conocer y a entender más, sobre el comportamiento de mi hijo. Todo parecía marchar bien, según yo, porque pensé que ya tenía bastante información sobre su condición. Erróneamente pensé que lo que conocía de él como su forma de aprender, y el hecho de que ciertos ruidos le molestaban, junto con sus terapias del habla y las sesiones con la psicóloga en la escuela, abarcaba todo lo relacionado con su autismo, sin imaginar que conforme iba creciendo, se nos presentarían nuevos retos.

Hasta los 11 años, Jordy nunca mostró comportamientos agresivos, lo que nos dejaba desprevenidos ante lo que enfrentaríamos en el futuro. Ignorábamos por completo la importancia crucial de las terapias de **ABA,** en la infancia temprana para un niño con autismo. A medida que pasaban los días y los años, nuestra vida parecía transcurrir con normalidad, sin un impacto notable de la condición de nuestro hijo. Sin embargo, a los

11 años, Jordy comenzó a resistirse a ir a la escuela sin explicación alguna. Se limitaba a llorar y rechazaba la idea de asistir a clases, cada día se volvía más difícil hacer que se levantara para sus actividades diarias. Empezó a evadirnos, dejó de hablar y solo respondía con gestos mínimos, tapándose la cara. Rechazaba la luz en su habitación y prefería estar solo.

Con el tiempo, dejó de comer y se negaba a salir. Su carácter indomable y esas fuerzas enormes que tenía, cada vez que le venía una crisis, las noches largas de desvelo y cansancio por cuidarlo para que no se hiciera daño, comenzaron a desgastar nuestros sueños como familia. Preocupados por esta situación, le hablé a la coordinadora del centro regional, para que me guiará sobre lo que podía hacer, fue entonces cuando lo refirieron a una institución, donde recibiría atención psiquiátrica y terapia.

Iniciaron un proceso de evaluación exhaustiva, para comprender sus comportamientos. Para nosotros como padres, presenciar cómo cada día era una batalla hacerlo comer, era desgarrador. Lloraba al decirnos que no lo llamáramos por su nombre, porque creía que lo estábamos haciendo engordar. Afirmaba que los espejos le decían que estaba gordo y lloraba desconsoladamente. Tras varias evaluaciones, además de su diagnóstico de autismo y retraso en el aprendizaje, se le diagnosticó anorexia nerviosa, trastorno bipolar y depresión. El psiquiatra de esa institución, nos explicó que sería necesario medicarlo para calmar su ansiedad y depresión, y así poder detener las alucinaciones relacionadas con los espejos. Además, recibiría terapia en la misma institución como parte de un tratamiento integral.

Durante una sesión de terapia, Jordy compartió, que un compañero de clase en la cafetería le había hecho un comentario: "¿Todo eso te vas a comer, Jordy? Por eso estás gordo". Este comentario desencadenó su anorexia nerviosa y depresión. A menudo, emitimos comentarios sin ser conscientes del impacto o el daño que pueden causar nuestras palabras.

Un mal comentario hizo que Jordy colapsara.

Esas palabras desagradables: "Por eso estás gordo", fue inspiración de muchas lágrimas en mi hijo y en mi familia. Es posible que algunos no puedan comunicar o comprender completamente lo que sienten, pero son muy sensibles, las personas autistas tienen un alto riesgo de sufrir depresión, en Jordy, ese comentario causó ansiedad, depresión y una anorexia nerviosa.

Ese niño de la escuela tal vez nunca se dio cuenta del gran daño que le hizo a Jordy, tal vez sin querer, quizás nunca imaginó, que causaría noches de lágrimas en una madre al ver a su hijo que se rehusaba a comer, como golpeaba su estómago y lloraba gritando que estaba gordo.

Era desgarrador ver que pasaban los días y las noches, sin que Jordy quisiera probar alimento. Desarrolló varios comportamientos obsesivos tales como, si agarrábamos sus manos, corría a lavárselas varias veces y a bañarse porque creía que al tocarlo lo estábamos engordando. Recuerdo que lo abrazaba con todas mis fuerzas para que parara de golpear su estómago, mientras él lloraba y gritaba, "¡Estoy gordo!", mientras mi corazón se desgarraba por completo, sintiéndome impotente ante los pensamientos y sentimientos que Jordy estaba experimentando, y aunque fue muy doloroso mientras vivimos el proceso de un mal comentario, entiendo que todas las personas cometemos errores, todo el mundo en algún momento, llegamos a hacer un mal comentario sin saber lo que este puede llegar a marcar en la vida de las personas, pero sí te invito, yo como madre de un joven con autismo y problemas de depresión, a que seamos un poco más empáticos y sensibles, a la hora de emitir nuestros pensamientos, lo que para ti puede ser una broma, algo con sarcasmo, ellos lo perciben de diferente manera.

Lograr que Jordy cambiara los malos pensamientos sobre él, controlar la anorexia y sus comportamientos obsesivos (OCD), nos tomó muchas horas de terapia, aparte de los tratamientos ya existentes, y comenzar en una terapia de medicamentos que hasta el día de hoy continúa. A menudo, las familias con un hijo o familiares con autismo y/o alguna discapacidad, nos toca enfrentarnos a lo desgarrador de comentarios, críticas y murmuraciones, inclusive de la propia familia, y sobre todo en lugares públicos. ¿Cómo puedes ayudar? Simple, si no tienes nada agradable que decir, no digas nada en absoluto.

En medio de la tormenta

Durante esa etapa tan desafiante, me encontré embarazada de mi tercer hijo, Jacob, Sentí que el mundo se derrumbaba a mi alrededor. Desde el diagnóstico de Jordy, había decidido que no quería ni podría tener más hijos, ya que sabía que él siempre necesitaría mi atención, y ya tenía a su hermana mayor Karla. Además, mi artritis estaba en su peor momento, y los médicos habían comenzado un nuevo tratamiento que incluía pastillas similares a la quimioterapia y medicamentos como por ejemplo "Orencia", administrado por vía intravenosa cada mes. Jacob recibió dos dosis de estos tratamientos mientras estaba en mi vientre, y cuando descubrí mi embarazo, los médicos me dijeron que era improbable que pudiera llevar a término ese embarazo, ya que el medicamento que había recibido, podría causar un aborto espontáneo, y si llegase a su término este proceso, mi bebé vendría con varias condiciones o anormalidades.

No teníamos seguro médico, ya que estábamos arreglando nuestra situación migratoria, y por recomendación de nuestro abogado de inmigración, no solicitamos ayuda médica para evitar problemas con el proceso de residencia. Todo lo relacionado con la atención médica y el embarazo de Jacob, lo teníamos que pagar en efectivo. Con la situación de Jordy, mi enfermedad, y todo lo que estaba pasando con el embarazo de Jacob, sentía que el mundo se me caía a pedazos.

Fui referida con un especialista y una consejera, para que me explicaran que lo mejor era no continuar con mi gestación, ya que tal vez no vendría bien. Me decían que ya tenía un hijo con necesidades especiales y que sería muy difícil con otro, porque ellos aseguraban que Jacob no se desarrollaría normalmente. Sin embargo, decidí que tendría a mi bebé y lo amaría tal como viniera.

Mientras vivía ese proceso, creí que sería lo peor que me pasaría. Jordy continuaba con sus terapias y su tratamiento psiquiátrico, comencé a ver poco a poco, buenos resultados en Jordy; ya comía en pequeñas cantidades, ya no lloraba viéndose frente al espejo, pero seguía la obsesión de mirarse constantemente, en cualquier lugar que él estuviera, frente a un espejo o una ventana donde se reflejara, él se observaba, pero el psiquiatra me decía que era poco a poco, que tenía que ir viendo diferentes medicamentos y cómo reaccionaba Jordy a ellos y además encontrar la dosis exacta para él.

Mi embarazo avanzaba lleno de angustia y preocupación. Temía cómo sería el nacimiento y el día en que Jacob llegara a nuestras vidas. Sin embargo, desafiando todos los pronósticos médicos, gracias a Dios, nació muy sano.

Jordy parecía estar mejorando, por lo tanto, yo creí que ya estaba pasando toda esta situación, pero después de dar a luz a Jacob, mi artritis comenzó a empeorar nuevamente, ya que durante el embarazo había suspendido todos mis medicamentos. Cada vez me resultaba más difícil caminar y agarrar objetos con las manos. Reinicié el tratamiento para mi artritis, pero noté que estaba perdiendo movilidad en mi cadera izquierda, el simple acto de bajarme del auto se volvía doloroso, y cada paso era una lucha. Al comentarle a mi médico que el medicamento ya no estaba haciendo efecto, y que el dolor en mi cadera izquierda era insoportable, una radiografía reveló una noticia desalentadora: ya no había cartílago en mi cadera y los huesos estaban rozándose, causando dolor y pérdida de movilidad. La única opción que me ofrecieron fue someterme a un reemplazo de cadera, pero les expliqué que no podía enfrentar una cirugía teniendo un niño con autismo y un bebé. En cambio, accedí a aumentar la dosis de cortisona para aliviar el dolor, y decidí esperar más tiempo para la cirugía. Regresé a casa con preocupación, analizando y cuestionando, porqué tiene que pasarnos una cosa, tras otra.

Los días pasaban y yo notaba que Jordy avanzaba en su tratamiento. Él comenzó a interactuar más y estaba emocionado con su hermanito Jacob, se le veía feliz en la escuela, y ya tenía un gran amigo que recién se había mudado al lado de nuestra vivienda. Motivado por su amigo, que le propuso que fueran juntos a clases de taekwondo, Jordy accedió practicar ese deporte y parecía que todo marchaba bien. Sin embargo, de un momento a otro, ya no quiso seguir practicando este deporte y perdió nuevamente el interés en sus clases, comenzó a presentar comportamientos agresivos, como romper cosas en casa, y dejó de comunicarse. No podíamos controlarlo ya que él estaba creciendo y tenía mucha fuerza. Y no teníamos la información sobre cómo manejar estos casos, se rehusaba a asistir a sus terapias, le costaba mucho trabajo salir de casa, comenzaba a temblar con sensación de vomitar, y se rehusaba a ir a sus terapias y citas médicas.

Informé al psiquíatra sobre los síntomas de agresividad en casa, y la razón de porque tenía que cancelar las citas. Él me dijo que era necesario cambiarle el medicamento, y que mientras tanto, siguiera tomando el mismo, ya que si no lo hacía, empeoraría, pero que si no lo veía en persona, no iba a poder recetar el nuevo fármaco. Comenzamos a entrar en una etapa de negociación con Jordy, e intentar conseguir que llegara al consultorio del psiquiatra, y a su terapia a cambio de un premio, pero no funcionaba. Comenzó a rehusarse a tomar el medicamento, diciendo que ya no lo estaba ayudando, tratábamos de dar su medicina forzándolo, como nos explicó el psiquiatra, que no lo suspendiéramos, ya que si lo suspendíamos, de un momento a otro aumentaría su irritabilidad.

Hablé con la coordinadora del centro regional, para informarle que Jordy nuevamente se rehusaba a ir a la escuela y al psiquiatra. Parecía que todo lo que habíamos avanzado, se había desvanecido de la noche a la mañana. Sus crisis eran más frecuentes y sus comportamientos agresivos iban en aumento. Las noches de desvelo cuidándolo para que no se hiciera daño, y todo el estrés cotidiano fue desgastando poco a poco nuestros sueños como familia, pero esas crisis nos mostraron de lo que verdaderamente estamos hechos. No fue nada sencillo seguir luchando, cuando mi compañero de batalla quería renunciar y veía que mi familia se quebrantaba, sin embargo no me rendí, agarraba fuerzas y sabía que valía la pena seguir luchando. Cuando venían esos pequeños momentos en los que mi hijo dibujaba y sonreía, volvían mis fuerzas y mi confianza para seguir adelante.

Las crisis eran más frecuentes.

El centro regional me informó sobre un programa llamado CBEM, que ofrecía servicios para prevenir las crisis. Acepté de inmediato, ya que los comportamientos agresivos de Jordy eran cada vez más fuertes y frecuentes.

No podía controlarlo. De inmediato, le hablaba por teléfono a mi esposo, y en lo que él se trasladaba de su trabajo a la casa para ayudarme, tenía que pedir ayuda a familiares que estuvieran cerca. Las constantes salidas del trabajo de mi esposo, comenzaban a causar problemas y llamadas de atención, por lo que entonces nos preocupamos por nuestra situación familiar y decidimos que mi esposo comenzaría su propio negocio para que estuviera disponible cuando se presentara una crisis. Temblando de miedo ante esta nueva aventura y enfrentando comentarios negativos, comenzó a buscar clientes por su cuenta. Al principio no fue fácil, pero poco a poco, comenzó a tener éxito, por esa parte ya estábamos un poco más tranquilos, pero seguíamos con las crisis de Jordy sin ver un avance, al contrario, cada vez escalaban más fuertes y constantes, y con ello tuvimos que dejar de asistir a reuniones, paseos o tener visitas en casa, porque en cualquier momento, podría presentarse un mal comportamiento de Jordy. Como familia también nos estaba afectando, comenzamos a entrar en un ambiente de incertidumbre, estrés y tristeza, por toda esta situación.

Jordy comenzó a recibir los servicios de CBEM, un equipo de personas que venían a casa, para enseñarle estrategias que lo ayudarían a calmarse, cuando sentía que estaba a punto de tener una crisis. Estas estrategias incluían escuchar música, caminar, aprender a controlar su respiración y comunicar lo que estaba pasando por su mente. También incluía al momento de que Jordy presentara una crisis, ellos tratarían de tranquilizarlo por teléfono. Mientras hablaban con él, se trasladaban a mi casa para darle más soporte y apoyo, también me acompañaban a sus citas y a las conferencias de sus IEP.

Me sentía con más seguridad y soporte. Aunque era un programa de intervención y apoyo para las crisis, no podían tocarlo durante uno de estos trances; su trabajo era solamente verbal. Trataban de convencerlo cuando no quería asistir a algún lugar, como la escuela o sus citas médicas. Contar con este servicio me daba tranquilidad y me sentía acompañada en este proceso, pero trabajar con Jordy era muy impredecible, unos días participaba súper bien con ellos y otras veces se rehusaba a hablar, se cubría su cara con una cobija y decía que no los quería ver, pero a mí me tranquilizaba saber que no estaba sola en este proceso.

El equipo de CBEM comenzó a observar qué lugares o personas eran importantes para Jordy. Algunos días sentía que avanzábamos mucho y otros que retrocedíamos el doble, debido a que Jordy se rehusaba a ir a clases. Entonces comenzó la presión del distrito escolar, comenzamos a recibir notificaciones por la falta de asistencia de Jordy, donde se me notificaba que iba ser citada a corte, donde tendría que pagar una multa o pagar con un tiempo de cárcel, ya que en USA es un delito que un menor de edad no asista a la escuela, se llenaban mis días de angustia y tristeza. Por todas las adversidades que tenía enfrente, se me ocurrió hacerle saber a la maestra de Jordy en ese momento, Ms. Mejía, lo de las cartas por las ausencias y los comportamientos y situación por la que estaba pasando Jordy, y ella muy amablemente me sugirió convocar una reunión de IEP urgente, para hacerle saber al distrito escolar, las preocupaciones, y situaciones que estaban pasando con Jordy.

Acepté agradecida y recuerdo que ella sugirió que se intentara que Jordy llegara a su aula de clases la mayor cantidad de tiempo posible, para que yo pudiera tener un espacio para realizar las otras actividades de mi hogar. Me sentí comprendida y apoyada por alguien que entendía lo desgastante que era la situación.

En la reunión del IEP, presenté todos los reportes clínicos y servicios que Jordy estaba recibiendo, así como mi preocupación por las cartas de ausencia. El director de educación especial me tranquilizó y me dijo que lo importante era que Jordy estuviera bien. Se propuso que él asistiera a la escuela de dos a tres días a la semana durante una hora, y que se me avisaría si surgía alguna incomodidad o irritabilidad. Así continuamos con ese plan escolar en casa con los servicios de CBEM, medicamentos, psiquiatra y terapias se complementaban. CBEM nos guio, y diseñó un plan para que Jordy se sintiera cómodo y seguro, si tenía que asistir a citas o lugares, con qué personas funcionaba mejor para que no se rehusara a asistir.

Jordy mencionaba mucho a su prima Lily, quien trabaja como asistente dental y solo con ella se dejaba realizar sus limpiezas dentales. Me recomendaron recurrir a Lily durante una crisis, en lo que ellos llegaban a casa, ya que Jordy se sentía seguro con ella. En varias ocasiones, Lily salió corriendo de su trabajo o el lugar donde se encontraba, para venir a hablar con Jordy y darme soporte, a quien agradezco mucho. Aprendimos a hacer su entorno más fácil, y tomarnos la decisión de nosotros como familia, adaptarnos a él, a sus tiempos, a disfrutar del hoy por hoy, a respetar y tomar en cuenta su opinión. No siempre quería salir e interactuar, no era tan fácil que todos los días estuviese feliz y quisiera sentarse con nosotros a platicar, había días en que pareciera que estaba en una fiesta escuchando música, cantando, y bailando.

Hasta el día de hoy, Lily cuida y lleva a pasear con cariño a Jordy, permitiéndome realizar mis actividades o citas sin preocuparme. En nombre de todas las madres que tenemos un hijo que necesita más ayuda y tiempo en su día a día, quiero agradecer a todas las amistades y familiares que nos ofrecen su ayuda para cuidar de nuestros hijos. Su ayuda, aunque sea por un momento, es un respiro enorme, porque si de por sí, la maternidad es estresante, la maternidad acompañada de un hijo con una discapacidad mental lo es más. La mayoría de las madres con hijos con estas condiciones, somos madres que creamos un pensamiento de que lo nuestro no es importante, que nuestros sentimientos y malestares no importan, porque le damos más importancia a lo que creemos que es la única emergencia en ese momento, pero también sentimos frustración, cansancio. Hay ocasiones que solo necesitamos 10 minutos a solas, o tomar un baño, sin utilizar el ojo detective que siempre tenemos al cuidado de nuestros hijos, y sacar esas lágrimas que no nos permitimos sacar.

Capítulo 2
Así me cueste el divorcio.

El Miedo y la Incertidumbre.

Sin embargo, el alivio suele estar acompañado de miedo e incertidumbre. El futuro de su hijo, que antes parecía predecible, ahora se siente lleno de incógnitas. Las preguntas se multiplican: ¿Podrá mi hijo tener una vida independiente? ¿Cómo se adaptará en la escuela? ¿Encontrará amigos que lo comprendan y acepten?

Llega el 2 de noviembre de 2019, y Jordy cumple 18 años. Abrumada por tantas decisiones, comienzo a buscar información sobre cómo obtener la tutela de Jordy. Como joven con necesidades especiales, no es consciente de lo que puede firmar, ni es capaz de llenar documentos o hacer sus propias citas médicas, como cualquier adulto. Si llegara a firmar cualquier documento o se viera involucrado en algún problema legal, sería juzgado como una persona normal, sin tener en cuenta su discapacidad. Por eso es importante y recomendable que se pida la tutela, para poder decidir por ellos, ya que sin ella, no podríamos hacerlo. Le dije a Alissa la coordinadora del centro regional, que necesitaba información de cómo, y a dónde recurrir para comenzar los trámites de la tutela de Jordy. Muy amablemente, me mandó la información de la institución a la que tenía que recurrir, una institución especializada en estos casos, BET TZEDEK, donde me podrían ayudar.

Intenté conseguir una cita, y me dijeron que debía llegar a las 5 de la mañana y formar una fila afuera de las instalaciones, ya que solo atendían a 21 personas por día y no trabajaban todos los días. Así lo hice, con la ayuda de un bastón, porque había muchas escaleras y no podía subir con la caminadora. Para ese tiempo ya no tenía mucha movilidad de mi cadera y necesitaba un soporte para apoyarme a caminar, ya que seguía posponiendo la cirugía de mi cadera izquierda, dándole importancia y enfocándome solamente en Jordy.

Llegué a las 5 de la mañana acompañada por mi esposo, había más de 50 personas esperando. Al ver la fila tan larga, supe que no sería atendida ese día, pero igual esperé hasta las 8 de la mañana. Cuando abrieron las puertas, contaron 21 personas y a los demás nos dijeron que tuviésemos mejor suerte para la próxima vez. Angustiada, les hice saber que mi hijo ya tenía 18 años, me tranquilizaron diciéndome que llegara más temprano la próxima fecha indicada en el calendario, y si lograba entrar, me darían un documento que indicaría que el trámite de la tutela estaba en proceso, aunque el trámite tomaría un año, que no me preocupara, tenían muchos casos donde los clientes ya pasaban de los 18 años, que eso no sería un obstáculo.

Siguiendo sus indicaciones, revisé la próxima fecha de servicio y fui a las 3 de la mañana. Aun así, ya había 15 personas esperando, pero sentí un gran alivio al saber que esta vez sí estaría entre los 21 atendidos. Ese día comenzó todo el proceso, entregué todos los documentos que me pidieron: la última evaluación médica de sus doctores, terapeutas y psiquiatra; informes del centro regional desde que empezaron a tratarlo, hasta lo más reciente, pruebas de ingresos, reportes y huellas personales para demostrar que no tenía antecedentes criminales. Me preguntaron ¿con quién compartiría la tutela de Jordy? ya que se les pedirán los mismos documentos. Respondí que solo la pelearía yo y nadie más.

Mi esposo estaba conmigo, pero ya yo había hablado con él y le dije: "Espero que me entiendas, pero tu forma de pensar sobre las crisis de Jordy, y la idea de internarlo en un psiquiátrico o ponerlo en un hogar, si sus crisis y comportamiento no mejoran, es muy diferente a la mía. No quiero que tomes decisiones referentes a Jordy, solo yo me haré cargo de él, aunque me cueste el divorcio". Me miró y me dijo que entendía, y que no se opondría, que Jordy siempre sería su hijo, aunque no pudiera tomar decisiones sobre él, y que cuando llegara la notificación de que yo sola estaba peleando la tutela, la firmaría sin problemas.

Creo que mi esposo se sintió un poco mal porque yo había decidido no compartir la tutela de Jordy con él. Tomé esa decisión, debido a las discusiones que teníamos cuando él me decía que ya era tiempo de internarlo, que no podíamos seguir cuidándolo. Yo temía que si compartíamos la tutela, él podría opinar y tomar decisiones, igual que yo, y estas serían consideradas. Así que no, no quise darle poder a nadie para tomar decisiones sobre mi hijo. Decidí que yo sola decidiría y lo defendería como una leona.

Durante este trámite, asignaron una nueva coordinadora del centro regional para seguir el caso de Jordy, ya que él había alcanzado la mayoría de edad y su caso era muy complicado. Asignaron a una persona con más experiencia y que tenía más conocimiento de este tipo de situaciones, y así llegó Allysa para continuar con el caso de Jordy. En nuestra primera visita, me sentí muy cómoda con ella sentí que me comprendía y que compartía con mi forma de pensar, que era muy importante que todas las personas que trabajaran con Jordy, estuviéramos en la misma dirección para brindarle la ayuda correcta a mi hijo. Le dejé saber que para mí, una de las metas más importantes era que Jordy siguiera viviendo en casa, para que en base a esa meta, me proporcionara los servicios indicados, ya que la coordinadora anterior, las opciones que me proponía era comenzar a buscar un lugar donde cuidaran a Jordy.

La peor crisis.

Con todo lo que ya estábamos viviendo, no imaginé que vendrían crisis y comportamientos más desafiantes, nos faltaba enfrentarnos a un huracán como yo lo llamo, las etapas anteriores solo eran pequeñas tormentas. Este huracán fue el más fuerte, triste y desastroso que se puedan imaginar, pero ahora sé que era el más necesario. Gracias a él, llegaría el equipo profesional que tanto le pedía a Dios para mi hijo.

El 12 de noviembre de 2019, Jordy comenzó con una crisis que fue escalando sin control. Ya había intentado todas las estrategias que me habían enseñado, pero ninguna funcionaba. Empezó a tirar y quebrar objetos de la casa, todo lo que encontraba a su alrededor. Aunque siempre mantenía bajo llave objetos cortantes, medicamentos y cualquier cosa con la que pudiera hacerse daño, todo lo que estaba a su alcance lo tiraba. Su agresividad era extrema y no podía controlarlo. Llamé a los servicios de CBEM, quienes me dijeron que estaban un poco lejos, pero que enviarían a alguien más cercano para ayudarme y que colgara con ellos y llamara al 911. Así lo hice.

Mientras estaba en la línea con el centro de emergencia, llamé a mi hija Karla, para que viniera por Jacob y no viera lo que estaba pasando con Jordy. Ella a su vez, llamó a su papá para que viniera lo más pronto posible. Llegaron los paramédicos y tres oficiales de policía, pero no había forma de entrar; era como si un huracán hubiera pasado por mi casa. Los oficiales me dijeron que me quedara en la planta baja mientras ellos intentaban controlar primero a Jordy y luego subirían los paramédicos. Mientras los oficiales intentaban acceder al cuarto de Jordy, los paramédicos despejaron un poco el área para poder subir, impresionados por todo el desorden de destrucción que Jordy solo había causado. Bastantes cosas quebradas, en el piso, derramó de la segunda planta el jabón para lavar, todo lo que encontraba a su paso lo tiraba, es por eso que yo lo asimilo como el paso de un huracán, literalmente solo quedaron las paredes de la casa.

Finalmente, los policías lograron sostenerlo y los paramédicos le administraron un sedante para trasladarlo al hospital. La fuerza de Jordy era tan grande que logró escaparse, y tuvieron que pedir un sedante más fuerte. Con la ayuda de los oficiales y todos los paramédicos que habían llegado, amarraron a Jordy a la camilla y lograron bajarlo. Me trasladé con ellos al hospital, donde me dijeron que pasaría la noche sedado y lo mantendrían amarrado para evitar que se hiciera daño. Recuerdo que era un cuarto diferente a los demás, solo estaba la cama donde tenían a Jordy, Me recomendaron ir a casa a descansar, ya que hasta la mañana siguiente, lo revisaría un psiquiatra. Les respondí que no dejaría a mi hijo solo y que pasaría la noche con él, pero la enfermera me dijo que no tenía caso que me quedara.

El cuarto donde estaba no tenía un sillón para que yo descansara, pero les dije que no me importaba; dormiría en el piso, pero no dejaría a mi hijo solo. Al ver que no me retiraba y permanecía al lado de Jordy acariciando sus manos amarradas, una enfermera de turno me trajo una silla y una sábana caliente para que descansara un poco y no pasara tanto frío.

Juntos por siempre

Más tarde, recibí la llamada de Lily. Estaba afuera del hospital y me había llevado comida para que no pasará la noche sin comer, mientras mi hija Karla cuidaba de Jacob en casa. Mi esposo se encontraba en la sala de espera del hospital, ya que él se había trasladado directamente de su trabajo, y solo permitían el acceso a una persona, Salí mientras Jordy permanecía dormido, para darle información a mi esposo y a recibir la comida que Lily me había llevado. Amablemente él se ofreció a acompañar a Jordy mientras yo me despejaba un poco, así que aproveché para decirle que se regresara a casa, y le hablé por teléfono a Olga para hacerle saber lo que estaba sucediendo con Jordy, ya que él la quiere muchísimo y tiene un vínculo muy fuerte y bonito con ella, ella es quien lo amamantó de bebé, y al ver todo lo que había sucedido, me entró el miedo de que trasladarán a Jordy a un hospital psiquiátrico.

Le dije a mi esposo que no tenía caso que él estuviera esperando afuera ya que el psiquiatra que revisaría a Jordy, iría hasta la mañana siguiente. Jordy se encontraba con sus manos atadas a la camilla, por su seguridad, para que si pasaba el efecto del sedante, no se hiciera daño. Al amanecer, pedí que lo desamarraran porque Jordy lloraba, diciendo que estaba muy cansado y que le dolían las manos. Me respondieron que el psiquiatra llegaría más tarde y que no podían desamarrarlo por su seguridad. Jordy me miraba llorando y suplicando que por favor, al menos le liberaran una mano. Logré convencerlos de que le dejaran una mano libre.

Cuando el psiquiatra llegó, evaluó a Jordy, pidió su historial clínico y me informó que le darían un medicamento para mantenerlo tranquilo. También me aconsejó ponerlo en un lugar donde pudieran cuidarlo, entonces pensé: "¿otro más en mi contra?" Ya que la coordinadora que había tenido antes de los 18 años y por las crisis constantes de Jordy, me sugirió que había hogares adecuados para que cuidaran de Jordy, que tenía que ir viendo esa opción.

Después de casi un día de haberlo ingresado al hospital y analizando las opciones que tenían para él, sentí momentos de angustia, porque escuchaba cuando hablaban a diferentes psiquiátricos. Decidieron que lo darían de alta y el psiquiatra que fue a revisarlo, me dijo que cambiaría el medicamento, que no me preocupara que ese medicamento lo mantendría tranquilo, y reiteraron que lo mejor sería ponerlo en un hogar especial.

Comencé a notar a Jordy tranquilo, pero diferente, como un zombi. Y les dije que por qué Jordy se notaba tan cansado, y me contestaron que era por el nuevo medicamento que le habían dado, que no me preocupara. Pensé que en un rato más se le pasaría, y firmé la salida.

Juntos por siempre

Regresamos a casa, pero noté que Jordy no era el mismo. Parecía sin fuerzas, sus ojos reflejaban mucho sueño, me preocupé y le comenté a mi esposo, eso tampoco quiero para mi hijo; sabía que Jordy podía comportarse de manera diferente y ser un joven funcional. Estaba soñoliento todo el tiempo. Hablé con Alissa su coordinadora de servicios, le expliqué lo sucedido y que Jordy ya estaba de regreso en casa. Le informé sobre las instrucciones médicas que me habían dado en el hospital. Alissa me sugirió que sería buena opción tener a mi lado y contar con el apoyo de un padre mentor, para que me orientara con información y más servicios recomendables para Jordy. Le contesté que: "¡Sí, claro!". Apenas había iniciado los trámites de la tutela de Jordy, y pasó este huracán. Tenía un miedo enorme de pensar que si Jordy no estaba más estable, ya no lo podría mantener a mi lado, aparte, el proceso para poder obtener la tutela tardaría un año. Así que, sin pensarlo demasiado, toda la ayuda que se me ofrecía, yo la aceptaba... Nunca tuve problema con eso, estábamos acostumbrados a que siempre hubiera terapeutas o trabajadores sociales en casa. Pensé que otra persona más no importaba y sobre todo, estaría acompañada y guiada en este proceso.

Así llegó María de Lourdes, a darme mucho apoyo y comprensión, a dirigirme cual camino era el más indicado y correcto para mi hijo, qué servicios serían los mejores y los que funcionaban para Jordy, comenzando por hacer una llamada a *Alma Family Services* para una evaluación a Jordy, para que comenzara a tomar terapias de ABA.

Recibí pronta respuesta para comenzar el trámite y toda la información que iban a requerir. Se hizo una cita para que llegaran a casa a conocer a Jordy, y ahí conocimos a Marisela y a Aline, la persona que cambiaría la vida de mi hijo y la de mi familia.

Capítulo 3
Un ángel llamado Aline

La Necesidad de Convertirse en una Experta.

Una vez que el diagnóstico es claro, muchas madres sienten la presión de convertirse en expertas en autismo. Empiezan a investigar, leer libros, asistir a talleres y unirse a grupos de apoyo. La búsqueda de conocimiento es impulsada por el deseo de proporcionar lo mejor para su hijo, asegurándose de que reciba todas las oportunidades para desarrollar su potencial.

Después de llenar numerosos documentos y encuestas sobre Jordy y los procedimientos necesarios, mi hijo comenzó sus terapias. Recuerdo que cuando Aline habló conmigo, me dijo: "Tal vez habrá ocasiones en las que sienta que retrocedemos, pero sí nos permite, trabajar con Jordy, confía y sigue nuestras indicaciones junto con nosotros. Le aseguro que cada paso que Jordy avance, será un paso seguro y no lo retrocederá". Jordy se sintió muy cómodo con ella. Noté que era la primera terapeuta con la que Jordy conectaba y que lo hacía sentirse cómodo y alegre, esto me brindaba tranquilidad y apoyo. Poco a poco, llegaban las personas que había deseado encontrar para tratar a Jordy.

Dejé de asistir al otro psiquiatra y a las otras terapias, y nos ofrecieron la opción de ver a un psiquiatra en Montana a través del centro regional, sin tener que trasladar a Jordy. Las sesiones serían por Zoom, lo cual era mejor para Jordy y para mí, ya que a mi hijo le causaba mucha ansiedad salir de casa.

Comenzamos con su nuevo psiquiatra, quien me dijo que iríamos poco a poco, hasta encontrar el medicamento y la dosis perfecta para Jordy. Explicó que quería que Jordy utilizara todos los métodos que su terapeuta de comportamiento le estaba enseñando para tranquilizarse, y que preferiría manejar la dosis mínima de medicamento, para que Jordy aprendiera a autocontrolarse. Aline me había mencionado algo similar, y aunque algunos días parecía que retrocedíamos en lugar de avanzar, ella me daba una seguridad impresionante y no dudé en que veríamos resultados en el muchacho. Con el paso de los días, me sentía más cómoda y tranquila con todo el equipo que se había formado, ya que el propósito de todos era ver resultados favorables en Jordy, y estábamos en común acuerdo. Con mucha emoción, veía grandes logros en mi hijo.

La pandemia y la resiliencia de Jordy

En 2020, llegó la pandemia del COVID-19, trayendo consigo cambios y restricciones para todos. La terapeuta de Jordy me avisó que las sesiones serían a través de videollamadas, lo que significaba que tendría que participar directamente con él. Este cambio afectó un poco, ya que las personas con autismo dependen de la estructura y las rutinas, y enfrentarse a situaciones diferentes, les provoca ansiedad y estrés. Poco a poco, Jordy dejó de prestar atención a las terapias y comenzó a rehusarse a contestar el teléfono. Aline me decía que debía insistir, pero yo temía volver a enfrentar las crisis de agresividad de Jordy. Sin embargo, algo dentro de mí me decía que si quería evitar que esos comportamientos regresaran, también debía aprender y enfrentar la situación.

Algunos días lográbamos que Jordy terminara sus sesiones sin dificultades, mientras que otros días ni siquiera quería hablar.

Aline cambió

A medida que ganaba más confianza en mí misma y seguía las indicaciones de Aline, Jordy también avanzaba. Aprendió a identificar cómo se sentía antes de una crisis, y a utilizar las herramientas que Aline le enseñaba, comenzó a comunicarse mejor. Cuando identificaba que vendría una crisis me decía: "Mamá, no me estoy sintiendo bien, ¿podemos ir a caminar, por favor?", o "Voy a escuchar música, mamá, ahorita no me hablen, que quiero estar solo. Dejaré mi puerta abierta, quiero estar solo por un momento, pero no te preocupes, voy a estar bien". Otras veces decía: "¿Puedes apretar mi mano? No quiero que venga una crisis. Creo que no puedo calmarme, necesito hablar con Aline, ¿puedes marcarle?".

Aline, siempre amable y sin importar la hora, estuvo disponible para ayudarnos a tranquilizar a Jordy. Así, poco a poco, las crisis empezaron a desaparecer. Me daba mucha alegría ver cada día mejor a mi hijo. Le encantaba salir a pasear, ya podía pasar más tiempo fuera de casa, y disfrutaba asistir a algunos eventos a los que nos invitaban, y también le agradaba recibir visitas en casa.

El veredicto

Mientras todo esto transcurría, llegó el día de la corte en el que el juez decidiría si me otorgaba la tutela de Jordy. Me presenté en la corte de Los Ángeles, llena de nervios y angustia. Después de escuchar tres casos tristes e impactantes antes que el mío, mi angustia aumentaba. Finalmente, me llamaron a ponerme de pie frente al juez. Él comenzó a leer la razón por la que estaba ahí: tras una extensa investigación y verificación de toda la información sobre Jordy Orozco y Ana María Orozco, y dijo: "Tomando en cuenta los derechos de Jordy y las razones que su madre presenta, se otorga en su totalidad la tutela de Jordy Orozco a su madre, Ana María Orozco, dejándole el derecho a votar si así lo desea".

Ese día sentí la misma emoción que cuando nació Jordy. Sentí que volvía a ser mío otra vez, y supe que podría seguir siendo su voz y buscar lo mejor para su bienestar. Jordy mejoró bastante y los días tristes y de tormenta se estaban quedando atrás. Sin embargo, debido a todas las consecuencias que trajo la pandemia, me informaron que las terapias de ABA que eran ofrecidas por *Alma Family Services*, ya no estarían disponibles, Pensé en lo impactante que sería para Jordy recibir esa noticia, pero también vi una oportunidad para poner a prueba todo lo que Aline le había enseñado.

Le dimos la noticia, y aunque Jordy expresó tristeza por no volver a ver a Aline, pude ver cuánto había avanzado y aprendido. Ahora, cada vez que tocamos el tema o recordamos lo vivido como familia, Jordy siempre menciona: **"Aline cambió mi vida"**.

Siempre le hice saber a Aline lo agradecida que estaba con ella por lograr que mi hijo controlara sus crisis. Ella siempre me respondía: "Fue usted, Ana María. Yo siempre la pongo de ejemplo a otros padres que se rinden muy pronto. Les dejo saber que usted pudo, que no se rindió, y que creyó en su hijo".

Escuchar estas palabras de una excelente terapeuta, que hace su trabajo con profesionalismo y sobre todo con mucho amor, me motivó profundamente. No trabajaba solo por un cheque, su dedicación era genuina. Cuando Jordy decía: "Aline cambió mi vida", sentía una inmensa gratitud. Esto me impulsó a ayudar a otras familias, contándoles mi experiencia y los resultados positivos que obtuvimos, brindándoles información sobre diferentes servicios que pueden ayudar a sus hijos con autismo.

Ana María Orozco

Capítulo 4
"You and me together forever"
"Tú y yo juntos por siempre"

La Esperanza y la Resiliencia

A pesar del miedo y la incertidumbre, también hay esperanza. Muchas madres descubren que sus hijos tienen talentos y habilidades únicas que pueden florecer con el apoyo adecuado. La resiliencia se convierte en una compañera constante, fortaleciendo su determinación para enfrentar los desafíos y celebrar los logros, por pequeños que sean.

Cuando Jordy tenía alrededor de 5 años, le costaba mucho despegarse de mi lado, acostumbrarlo a dormir en su cuarto fue todo un reto. Tenía que hacerle creer que dormiría con él, y después de verlo profundamente dormido, me retiraba a mi habitación, evitando hacer ruido para que no se diera cuenta de que ya no estaba. Pero a los 20 minutos ya estaba parado al lado de mi cama, diciendo: "¿Por qué me dejaste?". Al final, terminaba dejando que durmiera en mi cama. Sin embargo, estábamos conscientes de que esa situación debía resolverse. Intentamos de todo: dejando la luz prendida, poniendo música relajante, usando aromaterapia y aceites esenciales. A veces dormía yo en su cama y otras veces él en la nuestra. Poco a poco fue aprendiendo a quedarse solito en su cuarto.

Cuando finalmente lo logró, me dijo: "¿Me das algo que huela a mamá?". Respondí: "¿Algo que huela a mamá, Jordy? No entiendo". Él me explicó: "Si huelo algo a mamá, no me da miedo". Me hizo recordar un artículo que había leído, sobre cómo los bebés reaccionan al olor de mamá y a su tono de voz, sintiéndose seguros. Así que cada noche le daba a Jordy, la blusa que había usado durante el día. Si le daba una sin usar me decía: "Esa no huele a mamá".

Descubrí que aunque ya no era un bebé, tener cerca una prenda con mi olor, le daba seguridad. Así funcionó: le daba la prenda y Jordy se quedaba tranquilo en su cuarto. Esa parte estaba resuelta.

Sin embargo, al dejarlo en algún otro sitio, siempre se mostraba temeroso y asustado. Un día le pregunté: "Jordy, ¿por qué tienes tanto miedo cuando tengo que ir a algún lugar, y no te puedo llevar conmigo?". Me contestó: "Si tú no estás, me da miedo". Se me partió el corazón. Me incliné para estar a su nivel, le agarré su manita y le dije: "Te prometo que yo siempre voy a estar contigo. Nunca te dejaré. Siempre regresaré por ti. Si te dejo en la escuela, si me esperas en casa, o si estás en otro lugar, siempre regresaré por ti". Jordy sonrió y cruzó su dedito meñique con el mío, diciéndome: "You and me together forever". Y yo le contesté: "Sí, te lo prometo". Noté que su carita se llenó de alegría. Desde entonces, cada vez que nos separamos, él me repetía la frase: "Recuerda, mami, you and me together forever".

La Tormenta de la Separación

Con esa frase como parte de nuestras rutinas diarias, Jordy fue creciendo. Sin embargo, llegó un momento difícil, una tormenta que atravesamos juntos. Sus crisis y comportamientos escalaban cada vez más y mis recursos se agotaban. Las razones para que Jordy permaneciera en casa con su familia se volvían cada vez más difíciles de sostener. Ya tenía el equipo de crisis CBEM trabajando con él, muchos terapeutas habían intentado ayudarlo, pero nadie lograba controlar su caso. Estaba en tratamiento psiquiátrico por su problema de sobrepeso y depresión, y ya había sido llevado al hospital en varias ocasiones. Habíamos probado diferentes medicamentos, pero físicamente, él era más fuerte que nosotros y ya no podíamos manejar su fuerza.

Cada vez eran más frecuentes los desacuerdos y discusiones con mi esposo sobre esta situación. A mi esposo le preocupaba mucho nuestra seguridad, temiendo que Jordy pudiera lastimarnos en una de sus crisis. Al mismo tiempo, le dolía ver a Jordy así, porque después de las crisis, él lloraba y pedía perdón, diciendo: "No quiero hacerlo, no quiero sentirme así, pero no sé cómo controlarlo". Todos nos abrazábamos y llorábamos con él. La situación era muy triste y desgastante como familia, pero en ese momento, yo solo me enfocaba en lo que para mí era la única emergencia: Jordy, sin tomar en cuenta las preocupaciones y razones de los demás.

Ahora entiendo que esas eran las razones por las que comenzaron a proponerme lo que sería la solución: poner a Jordy en un lugar donde pudieran cuidarlo.

Cuando asignaron el caso de Jordy a Aline, su terapeuta de ABA, supe que sería el último recurso a intentar. Me apoderaba el miedo a tener que separarme de mi niño grande. Pasaba noches pensando en cómo cuidarían de mi hijo, qué sentiría él al verse en un lugar desconocido sin su familia. Me preocupaba si lo entenderían, si lo tratarían bien. **Solo imaginarlo me hacía sentir que era una mala madre.**

La frase que siempre repetíamos, **"you and me together forever"**, llegaba a mi mente constantemente. Pensaba que Jordy siempre creyó en mí, porque tenía la seguridad de que estaríamos juntos siempre. Y eso me hacía sentir aún peor. Sentía que lo estaba traicionando, que le estaba fallando.

La fuerza del amor de madre

En esos momentos de desesperación, la lucha interna era feroz. Por un lado, sabía que debía considerar la seguridad y bienestar de todos, incluido Jordy. Pero por otro lado, el miedo a la separación y la culpa me consumían. Me repetía a mí misma que debía ser fuerte, que debía encontrar una manera de resolver esto sin romper la promesa que le había hecho a Jordy. Pero cada día era una batalla emocional, tratando de equilibrar el amor y la razón, la protección y la libertad, la promesa y la realidad.

Mientras nos enfrentábamos a esta difícil decisión, me aferraba a la esperanza de que de alguna manera, encontraríamos una solución que permitiera a Jordy estar seguro y feliz sin que tuviéramos que separarnos. Sabía que el camino no sería fácil, pero la fuerza del amor de una madre, incluso en medio de la tormenta, es inquebrantable.

La propuesta de poner a Jordy en un lugar donde pudieran cuidarlo, comenzó con una de sus coordinadoras, seguida por el equipo de CBEM. El psiquiatra que lo atendió en el hospital, cuando lo llevaron los paramédicos, sugirió lo mismo. Mi esposo me dijo: "Esta situación no puede seguir así". Cuando pedí la tutela de Jordy, le mencioné que lo defendería contra todo, incluida su forma de pensar, aunque me costara el divorcio.

Mi esposo me dijo: "O aceptas que Jordy se ponga en un lugar donde lo cuiden, o tendremos que separarnos. No dejaré a Jacob contigo porque no podrás cuidar de los dos".

En ese momento sentí algo inexplicable, un mundo de emociones me invadía, era como si tuviera que decidir entre un hijo y otro. Llorando, lo agarré de la mano y le supliqué: "Por favor, solo te pido que me dejes tener a Jordy conmigo hasta los 21 años. Te prometo que si Jordy, no logra controlar sus crisis y cambiar sus comportamientos agresivos, lo entregaré a los 21 años". Sé que a él también le dolía, porque Jordy también es su hijo, pero tenía que pensar en el bien y la seguridad de toda la familia. Aceptó tal vez por ver con cuánto llanto le pedía, y me dijo: "Está bien, así lo haremos".

En ese transcurso, llegó Aline y comenzó a trabajar con los comportamientos de Jordy. Vi grandes avances y ella me dio mucha seguridad desde el primer momento en que vino a casa a hacer la evaluación de Jordy. Vi que su forma de trabajar con él, era muy diferente a la de otros terapeutas y muy eficaz: era directa sin ser ruda, muy amable sin ser permisiva, y al mismo tiempo, él aprendía muchas cosas sobre su seguridad y cómo ser más independiente. Algo que aprendí es que es muy importante que tu hijo encaje con su terapeuta, que se sienta cómodo y seguro. Pensé que ya lo había logrado y de repente, llegó la pandemia y con ella grandes cambios y desafíos para Jordy. Los niños con autismo son muy afectados por los cambios imprevisibles.

Para personas autistas, cualquier cambio que parezca normal puede causar crisis nerviosas, ansiedad y agitación durante horas, días, o incluso semanas. Y así reaccionó Jordy ante este cambio de rutina con su terapeuta. Él no entendía por qué ahora sus sesiones tendrían que ser por teléfono y no en persona. Poco a poco fue mostrando desinterés y comenzó a rehusarse. Otra vez comenzó una crisis de días y le llamé a Aline diciendo: "Aline, ¿qué puedo hacer?". Y vaya sorpresa me dio, me dijo: "Nada".

Ignoré sus palabras por un momento, pensando si realmente estaba escuchando bien. Me dijo que Jordy ya conocía nuestras reacciones y que ahora debía darle una que desconociera. Lo intenté, pero la crisis seguía escalando. Aline me explicó que teníamos que abordar un punto muy importante respecto a la situación de Jordy: si yo ya no podía cuidar de él, tendría que irse. Me dijo que Jordy debía entender que si no seguía las reglas de casa y usaba todas las alternativas que le habían enseñado, tendríamos que buscarle un hogar donde lo cuidaran.

En ese momento vino a mi mente, la promesa que le había hecho desde niño. Siempre él había confiado en mí, creció con la seguridad de que nunca lo dejaría. Pero ya la situación se escapaba de mi control. La mejor forma en que Aline me ayudó a cambiar mi perspectiva respecto a Jordy, fue hacerme entender que por más que me aferrara a tenerlo a mi lado, ya no podía manejarlo. Ese momento me hizo aterrizar. Con mucha tristeza, le expliqué a Jordy las opciones que tenía.

Le dije: "Ya no puedo hacer más por ti, ahora depende de ti, Jordy, sé que puedes hacerlo. Recuerda todo lo que te ha enseñado Aline en tus terapias". Le di la opción que Aline me había propuesto: aceptar ir por su propia voluntad, a una evaluación sin necesidad de llamar al centro de emergencia. Milagrosamente aceptó. Nos trasladamos mi esposo, Jordy y yo al centro de salud mental que nos habían indicado. Pasamos el primer reto: lograr que Jordy esperara su turno. Fue un gran logro, a pesar de que había estado en crisis durante días y le causaba mucha ansiedad salir y esperar. Lo estaba logrando y creo que también entendía que la opción de irse a otro lugar sin su familia era real, y no quería eso.

Finalmente, le tocó su turno. Me pidió que le agarrara la mano y la apretara. Entramos juntos. Les expliqué a los médicos su condición y le dijeron que tendría que quedarse en observación 72 horas, y si no superaba la crisis, lo trasladarían a otro lugar. Jordy volteó rápidamente a verme, con sus ojos llenos de lágrimas, y me dijo: "¿Me prometes que regresarás por mí?". Lo abracé y con un nudo en la garganta, le dije: "Cuando me avisen que estás listo para regresar a casa, volveré, Jordy. Pero si no, tendrán que trasladarte a un lugar donde cuiden de ti".

En ese momento, cambió su mirada hacia mí. Sentí que me veía con coraje y tristeza al mismo tiempo. Yo sufría quizás más que él, pero era el momento de hacerle ver la realidad. La psiquiatra le dijo a Jordy: "¿Quieres un momento para despedirte y me avisas cuando estés listo?". Rápidamente contestó: "Estoy listo", y me soltó la mano. **Cuando caminaba por el pasillo acompañado por dos enfermeros, volteó y me dijo: "Tú prometiste que siempre estaríamos juntos. No lo olvides, mamá". Créanme, quería correr a agarrarlo y llevármelo, pero todo esto era precisamente para que pudiera seguir al lado de nosotros, su familia.**

Ingresó al área donde ya no tienen contacto visual ni físico con la familia, y me dijeron que ellos se comunicarían conmigo y me harían saber cómo se encontraba, o si se presentaba una emergencia, y que después de las 72 horas, ellos me hablarían para dejarme saber de su salida o lo que indicaran los psiquiatras. Nos abrazamos llorando con mi esposo y nos retiramos del lugar, mientras me consolaba diciendo: "va a estar bien, ya verás", fue un gran logro que él aceptara venir solito, sin necesidad de llamar al centro de emergencias.

Apenas habían pasado 24 horas y me hablaron de la evaluación psiquiátrica y que Jordy estaba estable y muy bien, que lo dejarían salir, a lo que ni yo sé de dónde saqué esas fuerzas para decir no, no iré por él antes de las 72 horas, era una oportunidad para que Jordy aprendiera muy claramente, que él estaba muy bien con nosotros en su hogar, y que viera y viviera un poco el panorama de estar en otro lugar. Ambos estábamos aprendiendo y poniendo en práctica muchas horas de terapias.

Pasaron las 72 horas y fui por él. Salió tranquilo y feliz, despidiéndose de todo el personal. De ahí en adelante pudimos manejar los comportamientos de Jordy. Aline nos enseñó a los dos, a Jordy a hacer una acción y yo le doy una reacción diferente a la que él esperaba, y de ahí Jordy aprende una lección.

Juntos por siempre

Ahora Jordy tiene 22 años. Han quedado atrás esos días de tormenta, ya sabe controlar sus crisis, y si no puede, pide ayuda a tiempo.

Hoy doy gracias a esa lección aprendida, porque pude seguir cumpliendo mi promesa.

"Tú y yo juntos por siempre Jordy ♥"

Juntos por siempre

Capítulo 5
Un Viaje de Inclusión y Resiliencia

Para cada madre, el viaje es único. Pero en medio de todas las emociones, una cosa permanece constante: el amor profundo y el compromiso hacia su hijo. Este amor es la fuerza que impulsa a las madres a seguir adelante, a buscar lo mejor y a nunca perder la esperanza en el futuro de sus hijos.

Juntos por siempre

Como madre de un joven autista, me duele mucho ver que se habla de inclusión para estos jóvenes o niños con autismo, pero no hay muchos programas y oportunidades reales para ellos. A Jordy le encanta el teatro y ha participado en dos obras musicales: el musical de la familia Addams y *"Once On This Island"*. Estas actividades le apasionan y lo hacen inmensamente feliz. Aunque le cuesta el doble de trabajo aprenderse su libreto, es muy aplicado y pone mucho empeño, pasando días y noches practicando su parte. Nos alegraba ver su entusiasmo, y las largas horas de ensayo, no nos importaban.

Sin embargo, al intentar participar en su tercer musical, nos enfrentamos con la discriminación y la falta de empatía hacia su condición. Jordy comenzó a asistir a sus ensayos, pero pronto su ansiedad se hizo más constante. Al llegar la hora de las actividades, Jordy tenía que entrar varias veces al baño con una sensación de querer vomitar y comenzaba a sudar. A pesar de su disposición, su cuerpo reaccionaba de manera diferente, lo que me hizo pensar que algo no estaba bien. Así que me senté con él y le pregunté: "Jordy, ¿estás bien? ¿Te sientes cómodo en los ensayos? Porque veo mucha ansiedad en ti y eso me indica que algo te está afectando".

Él comenzó a llorar y me dijo que había una compañera, la protagonista principal de la obra, que lo miraba feo y días antes, había hecho un comentario a los niños que se acercaban a Jordy, diciéndoles: "Vengan conmigo, acá estarán a salvo", y se reía de forma burlona. Sentí que la sangre se me iba a los talones. Me entró un sentimiento de tristeza y coraje de imaginar lo que mi hijo sintió en ese momento. Pasaron miles de pensamientos por mi cabeza; fue como revivir todo lo que habíamos superado con él. Sentí miedo de que ese comentario lo afectara en su vida diaria. Le dije que hablaría con los directores de la obra, pero que lo más importante era que él estuviera bien, que era el momento de poner en práctica lo que su terapeuta le había enseñado: no permitir que el comportamiento de otra persona, afectara lo que tanto le había costado superar a él y a nosotros como familia.

Al terminar los ensayos, me acerqué a hablar con los directores de la obra y les hice saber lo que estaba pasando. Ingenuamente, creí que harían algo al respecto, como directores y responsables de promover la inclusión y la empatía hacia las necesidades o discapacidades de otras personas. Para mi sorpresa, lo único que me dijeron fue que lamentaban mucho lo sucedido, pero como Jordy no había dicho nada en el momento, ya no podían hablar con la persona que hizo el comentario. Le pidieron disculpas a Jordy y le ofrecieron la posibilidad de formar parte del equipo que armara el escenario, pintando, decorando y ayudando con las manualidades del teatro.

Juntos por siempre

Vi cómo las lágrimas salían de los ojos de Jordy, sentí mucha tristeza y rabia porque, según sus explicaciones, como mi hijo no lo comunicó en el momento, no harían nada. ¿Por qué tenía él que renunciar a algo que lo hace inmensamente feliz, por personas que no tienen empatía y no piensan en la inclusión de personas con alguna condición o discapacidad? ¿Por qué no consideran que ellos también tienen sueños y que también son parte de este mundo?

Regresamos a casa y Jordy comenzó a llorar, diciéndome: "¿Por qué hay personas que me ven feo? Yo quiero estar en esa obra, pero no me gusta cómo me mira y se ríe de mí". Me senté a su lado, agarrando su mano, y le dije: "Jordy, no puedo protegerte de todas las personas que hagan un mal comentario o te observen. Eres tú quien no puedes permitir que un comentario te dañe, porque una persona no tiene empatía". Afortunadamente, Jordy no recayó y decidimos que dejaría la obra para evitar que su ansiedad y depresión escalaran.

Como mamá de un joven con autismo, me da mucha rabia e impotencia ver que no les dan una inclusión plena en la sociedad, a lo largo de todas las etapas de su vida y a participar en igualdad de condiciones. Mi sueño y mi meta es seguir siendo la voz de mi hijo y de cada niño con autismo o cualquier otra condición, para que sean incluidos y tengan los mismos derechos en la sociedad, como cualquier otra persona.

Durante el crecimiento y la vida de Jordy, he escuchado tantos comentarios absurdos y tontos, incluso de la propia familia. Desde que era pequeño, me decían cosas como "lo tienen muy consentido", cuando estaba pequeño, él se mecía demasiado en un *bouncer* y escuchaba comentarios como: "Mira, parece que está montando un caballo". Comentarios como: "pobrecito", ¿él es el qué está malito? "no le hables, déjalo, él está en su mundo" eran frecuentes. Increíblemente, una persona llegó a comentar que ella no dejaría que su hija fuera diagnosticada como "estúpida". Tratando de evitar problemas, me quedaba callada en lugar de educar a las personas o familiares que hacían esos comentarios.

Es muy importante, primero como padres, educarnos sobre la condición de nuestros hijos, para poder educar a nuestro entorno y evitar comentarios dañinos. Debemos hacerles saber que no es correcto referirse a nuestros hijos de esa manera. Si después de educarlos, sigues notando malos comentarios, aléjate de ellos y aleja a tus hijos de ese entorno ignorante. Recuerda que tú eres, y serás, siempre su voz.

Juntos por siempre

Capítulo 6
No están solos.

Ana María Orozco

En este viaje, no están solos. Hay una comunidad de familias, profesionales y aliados listos para apoyarlos en cada paso del camino. Y aunque el camino puede ser difícil, el amor y la determinación de una madre son inquebrantables, capaces de superar cualquier obstáculo que se presente.

Guía para Padres de Niños con Autismo

Me permití incluir estos factores, pasos o consejos a seguir, si tu hijo o hija ha sido diagnosticado con autismo:

¿Mi hijo tiene autismo, cómo lo puedo ayudar?

Recibir el diagnóstico de autismo de tu hijo puede ser abrumador. Es normal sentirse superado por la situación, pero no te preocupes, no están solos.

El Trastorno del Espectro Autista (TEA) se clasifica generalmente en tres niveles, que reflejan la necesidad de apoyo:

- Nivel 1 (Requiere apoyo): Las personas en este nivel, pueden tener dificultades para iniciar interacciones sociales y pueden tener problemas con la organización y la planificación. Pueden ser bastante funcionales con un apoyo leve.
- Nivel 2 (Requiere apoyo sustancial): Las personas en este nivel, tienen déficits más notables en la comunicación social y presentan conductas repetitivas o intereses restringidos que interfieren con su funcionamiento. Necesitan más apoyo para participar en actividades cotidianas.
- Nivel 3 (Requiere apoyo muy sustancial): Las personas en este nivel, tienen déficit severos en la comunicación social, y conductas muy repetitivas o

altamente restringidas. Requieren un apoyo considerable para realizar tareas diarias

Detectar el autismo a una edad temprana, es crucial para intervenir de manera efectiva.

Si notas estos signos, consulta a un pedíatra o a un especialista en desarrollo infantil, para una evaluación más detallada.

Hay muchos recursos y servicios disponibles que hoy compartiré contigo. Esta lista te puede ayudar a encontrar el mejor camino:

1. **Aprende sobre las necesidades de tu hijo**: Los niños con autismo pueden tener retrasos en el lenguaje o problemas para comunicarse con los demás. Recuerda siempre que no hay dos niños autistas iguales, y como padre, tú eres el experto en tu hijo. Cuando hables con su médico o terapeuta, haz muchas preguntas, explica tus preocupaciones, y si no te satisfacen sus respuestas, considera la posibilidad de obtener una segunda opinión.
2. **Considera otras afecciones**: Algunos niños con autismo tienen otras afecciones, como crisis convulsivas, problemas gastrointestinales y problemas para dormir. Si hay algún tema que te preocupe sobre la salud de tu hijo, explícaselo a su

médico. Es posible que tu hijo necesite ser referido a un especialista y que le realicen algunas pruebas. Una vez te sientas cómodo con el diagnóstico de autismo, aprende sobre las opciones de tratamiento, que pueden incluir terapias y servicios educativos.

3. **Infórmate sobre los servicios educativos e intervenciones tempranas**: Los niños con autismo de tres años en adelante, pueden beneficiarse de un Programa Educativo Individualizado (IEP) de su propio distrito escolar. Este plan determina las necesidades del niño en aspectos como la terapia del habla y la terapia ocupacional. Para estar más informado, llama a la oficina de educación especial de tu distrito escolar. Los niños que no cumplan con los requisitos necesarios para beneficiarse de un IEP, pueden beneficiarse de asistencia educativa a través de un plan 504, que ofrece apoyo en clases ordinarias para facilitar el aprendizaje de tu hijo.

4. **Infórmate sobre la cobertura del seguro médico de tu hijo**: Las terapias para ayudar con los síntomas del autismo son muy importantes, pero no todas están cubiertas por los seguros médicos. La cobertura varía según el estado al que pertenezcas, y no siempre es fácil averiguarlo. Habla con tu compañía de seguros médicos para enterarte de cuáles son los servicios que cubre, y contacta al coordinador del equipo que atiende a tu hijo, para informarte sobre programas especiales disponibles.

5. **No olvides las oportunidades sociales para ti y para tus otros hijos**: Muchas localidades disponen de grupos de apoyo para padres o hermanos de niños con autismo. Relacionarse con otras personas que están atravesando desafíos similares, puede ayudarte a aprender nuevas formas de enfrentar la situación. La vida con un hijo con autismo puede ser agobiante, es muy importante que pidas ayuda cuando la necesites. Llega a acuerdos con tu pareja para el cuidado de tu hijo, de modo que ambos puedan disfrutar de tiempo libre. Considera la posibilidad de solicitar horas de respiro familiar, para que puedas salir y convivir con otras personas. Dedicar tiempo a uno mismo te ayudará a recargar energías y a dar mucho amor a tus hijos.

Respiro teniendo tiempo para usted

¿Qué es respiro?

La palabra respiro significa descanso, los servicios de respiro están diseñados para ofrecer a las familias, un descanso de proveer cuidado para su hijo con alguna discapacidad. El respiro les permite a los padres tomar parte en actividades que encuentran relajantes, entretenidas o de descanso, mientras un proveedor de respiro cuida de su hijo.

¿Cómo los servicios de respiro ayudan a la familia?

La paternidad es un trabajo difícil, y cada padre se puede beneficiar de un descanso, cuidar de un hijo con alguna discapacidad presenta retos adicionales que van más allá del estrés diario de la paternidad. Pida a su coordinador del centro regional, ayuda para este servicio.

Como apoyar en casa

Estructuras en casa para padres

- Sigue el ejemplo de tu hijo/a. Todos los comportamientos de tu hijo/a te darán pistas a lo que ellos tratan de comunicar. A veces acertarás a veces no, pero lo importante es seguir con un ojo detective y seguir intentando.
- Recuerda que una diagnosis no define quien es tu hijo/a. Ellos tienen su propia personalidad y sus maneras diferentes, pero eso es lo que los define. El diagnóstico simplemente te índica por dónde empezar.
- Escucha no solo las palabras que te dice tu hijo/a, sino también sus expresiones faciales, sus gestos, que a veces el cuerpo dice más de lo que dicen las palabras.
- En lugar de discutir o negociar, elija lo que está disponible o factible. Es importante que esas opciones sean las posibles para su hijo, no para

usted. Tú eres el facilitador y lo que es fácil para ti, puede no ser fácil para ellos.
- Elige tus batallas y piensa en las cosas que puedes dejar ir para permitir que tu hijo tenga éxito en las cosas que él/ella, no puede dejar ir.
- No tengas miedo ni contratiempo al escuchar el "no" de tu hijo. Por el contrario, esto le dirá dónde está luchando su hijo y dónde necesita más ayuda.

Seguir estos pasos te ayudará a proporcionar el mejor apoyo posible a tu hijo y a navegar el camino del autismo con más confianza y conocimiento.

Con la información adecuada y el apoyo necesario, puedes ayudar a tu hijo, a alcanzar su máximo potencial y a desarrollar sus habilidades únicas.

Jordy, un gran maestro

Les decía que sí se puede, pero nosotros, como padres, tenemos que ser los primeros en creer en nuestros hijos y en aprender más sobre su condición. Solo así podemos defender sus derechos y buscar los servicios correctos para ellos. No vengo a decirles que es fácil, porque no lo es, pero sí quiero decirles que es posible. Si yo pude, tú también puedes. Mi hijo lo logró, y el tuyo también puede lograrlo.

Juntos por siempre

Hoy, gracias a Dios y a todas las personas que creyeron en que Jordy podía cambiar y controlar sus crisis, mi hijo y toda la familia tenemos una vida tranquila. Viajamos, convivimos con amistades que nos aprecian y quieren mucho a Jordy. Lo ven y lo tratan con respeto y amor, no con lástima.

Estoy completamente convencida de que Jordy, ha venido a enseñarnos mucho más de lo que podemos imaginar. Pienso que todos deberíamos tener un poco de su fortaleza: cuando el mundo se derrumba, él sigue de pie; cuando vemos días grises y oscuros, él sigue viendo un mundo de colores. Aunque no existe un tratamiento ni un medicamento que lo haga "normal", él nos tiene a nosotros para acompañarlo en este viaje de vida. Hemos aprendido que no se trata solo de sobrevivir, sino de avanzar juntos y de no dejar a nadie atrás. Aprendimos a sonreír incluso en los días lluviosos, y a florecer en medio de las tormentas.

Hoy en día, Jordy tiene 22 años. Ya se graduó y fue uno de los jóvenes que dio el discurso de graduación. Le encanta ir a los parques de *Disney* y *Universal Studios*. Como familia, hemos aprendido a respetar sus tiempos y a seguir sus rutinas sin tanto estrés. Ahora participa y se expresa muy bien en sus citas y críticas. Aunque Jordy esté bien y estable, eso no significa que su condición haya desaparecido. Su diagnóstico es de por vida, pero hemos aprendido juntos como familia, a hacerlo menos trágico para él y para nosotros.

Contar mi experiencia y mis vivencias con la condición de Jordy, no es para causar lástima o tristeza por mi hijo o mi familia. Al contrario, quiero sembrar una semilla de esperanza y confianza en ti, como mamá o como papá, de que somos los primeros que debemos creer en nuestros hijos.

Yo asimilo el autismo con el mar. A veces el mar está tranquilo y en otras ocasiones está revuelto. Lo mismo sucede con el autismo y su entorno familiar: hay días serenos y otros más tormentosos.

CARTA PARA UNA MAMÁ AZUL
♥ �

Querida madre, en tus manos tienes el poder de convertir cada desafío en una oportunidad. Eres el faro de esperanza en el camino del autismo de tu hijo, iluminando cada paso con tu amor y dedicación. Recuerda que en cada abrazo, en cada pequeño logro, reside la fuerza para seguir adelante. Eres más fuerte de lo que crees, juntas superamos cualquier obstáculo en este viaje lleno de amor y aprendizaje ♥ �.

No estás sola, investiga, pregunta, utiliza los recursos e instituciones con las que contamos las madres desde nuestro privilegio de vivir en California, y recuerda que tú eres la voz de tu hijo.

Suelta la idea del sueño del niño que imaginaste que ibas a tener, atrévete a soñar de nuevo, porque los niños especiales merecen que sus padres crean en ellos. Quizás el futuro y el desarrollo de tu hijo no serán como lo habías idealizado, ese niño es un hermoso regalo y será tu mayor orgullo, ese niño te enseñará tu mayor fortaleza, ese niño te sorprenderá con su habilidad para hacerte sonreír. Recuerda, el progreso no siempre es lineal, celebra cada pequeño paso hacia adelante en este viaje del autismo, en cada abrazo que nos dan, recibimos la fuerza y la determinación para seguir progresando sin importar los desafíos que enfrentes. Recuerda que eres la heroína silenciosa en la vida de tu hijo, brindándole amor, apoyo y un ejemplo de valentía. Recuerda que también tienes derecho a estar agotada, el autismo también cansa y está bien sentirse así, no invalides tus sentimientos.

La producción del presente libro
fue terminada en julio de 2024 por
Olga Toscano

Obra dirigida por Olga Toscano
www.olgatoscano.net
olgatoscanooficial@gmail.com

Made in the USA
Columbia, SC
09 September 2024